AF496311

DISCOURS

PRONONCÉ

DANS L'ÉGLISE DE SAINT-THOMAS-D'AQUIN

LE 5 DÉCEMBRE 1881

PAR Mgr MEIGNAN, ÉVÊQUE DE CHALONS

A LA BÉNÉDICTION DU MARIAGE

DE

M. P. COCHIN et de Mlle A. VASSARD.

CHALONS-SUR-MARNE

IMPRIMERIE T. MARTIN, PLACE DU MARCHÉ-AU-BLÉ, 50

1881.

DISCOURS

PRONONCÉ PAR MGR L'ÉVÊQUE DE CHALONS

A LA BÉNÉDICTION DU MARIAGE

DE M. P. COCHIN ET DE Mlle A. VASSARD.

DISCOURS

PRONONCÉ

DANS L'ÉGLISE DE SAINT-THOMAS-D'AQUIN

LE 5 DÉCEMBRE 1881

PAR MGR MEIGNAN, ÉVÊQUE DE CHALONS

A LA BÉNÉDICTION DU MARIAGE

DE

M. P. COCHIN et de Mlle A. VASSARD.

CHALONS-SUR-MARNE

IMPRIMERIE T. MARTIN, PLACE DU MARCHÉ-AU-BLÉ, 50.

1881.

DISCOURS

PRONONCÉ

À LA BÉNÉDICTION DU MARIAGE

DE

M. P. COCHIN ET DE Mlle A. VASSARD.

MONSIEUR ET MADEMOISELLE,

Les prophètes aimaient à découvrir aux enfants d'Israël, visités souvent par de dures épreuves, les secrètes miséricordes du Seigneur : Confiance, disaient-ils : le Dieu qui incline est aussi le Dieu qui relève ; il blesse, mais il guérit : *Dominus mortificat et vivificat ; humiliat et sublevat.*

Vos familles, naguère frappées de deuils cruels et visitées aujourd'hui par un rayon de bonheur, sont un nouveau témoignage que Dieu, dans ses mystérieux et adorables conseils, conduit toujours ses enfants au bien final par de mêmes chemins : aux épreuves succèdent les consolations.

En effet, votre union, à laquelle je suis heureux de prêter mon ministère, union de deux âmes chrétiennes si bien faites pour se comprendre, union de deux cœurs qui battent ensemble dans l'ineffable harmonie de leurs pensées et de leurs espérances, au sein de la confiance réciproque et de l'abandon filial à la Providence divine, cette union contractée sous le regard de Dieu au frais matin de la vie, n'est-ce pas pour vous le bonheur? C'est du moins sa douce image venant se poser un instant devant nos yeux fatigués de spectacles bien différents.

Vos familles aussi sont heureuses. Le Seigneur leur départit l'une des plus grandes satisfactions de la vie. Leurs vœux les plus chers s'accomplissent ; et ce qui doit ajouter à leur bonheur, n'est-ce pas de voir s'y associer non seulement leurs amis, — et le nombre en est grand, — mais tous ceux qui connaissent les noms que vous portez et les vertus qu'ils résument. Car, quels que soient les courants divers de notre société, si malheureusement divisée, il est des vertus si hautes et si incontestées qu'elles réunissent tous les esprits dans une commune estime et un universel hommage.

J'en trouve la preuve dans cette nombreuse et magnifique assemblée. Ne vois-je pas rangés autour de vous, et vous enveloppant comme d'un cercle de lumière, les représentants de toutes les classes et de presque toutes les opinions, des hommes qui portent fièrement des noms toujours aimés de la France et leur donnent un nouveau lustre, des hommes qui pouvaient monter et descendre les sommets du pouvoir sans grandir et sans diminuer, d'anciens ministres, des magistrats éminents, dont le talent, la parole et les actes honorent le pays, des soldats pleins de gloire ou d'avenir?

Enfin, la religion, elle aussi, vous n'en doutez point, s'associe à cette fête. La religion, qui met la reconnaissance au nombre de ses plus belles vertus, aime à se rappeler les dévouements qui l'ont servie et les grands exemples qui l'ont édifiée. Dans cette église, parée comme aux plus grands jours de fête, le clergé de Paris, si bien représenté par le digne et bien aimé curé de Saint-Thomas-d'Aquin et tant d'autres ecclésiastiques distingués par le mérite, leurs services et leurs hautes positions, les ordres religieux reconnaissants s'empressent d'apporter leurs vœux et leurs prières.

C'est que le mariage que nous célébrons aujourd'hui offre, parmi ceux que l'Eglise aime à bénir, de grands souvenirs à recueillir, de beaux exemples à suivre, une grande leçon à méditer. Il est comme un rayon d'espérance qui éclaire notre nuit au moment où elle s'assombrit encore.

Monsieur et Mademoiselle,

Dans l'heureuse union qui va s'accomplir, trois choses me frappent entre toutes : j'y vois des traditions de famille qui se sont recherchées et se rencontrent, des croyances religieuses qui s'allient pour se perpétuer, des affections pures et saintes qui s'unissent sous le regard de Dieu : trois conditions dont l'absence, hélas ! trop généralement constatée, explique le malheur de tant de mariages et menace le beau pays de France d'une irrémédiable décadence.

I

Lorsqu'on veut découvrir les causes du malaise social d'aujourd'hui, il arrive souvent qu'on les cherche trop loin. Au lieu de prendre le mal à sa source et souvent chez soi, dans la famille, on l'étudie à l'état de torrent débordé, quand déjà il étend partout ses eaux dévastatrices. Le mal social a ses sources vives dans la famille ; et s'il est si profond et si large, c'est parce que l'unité sociale, composée du père, de la mère et des enfants, est multipliée par un nombre incalculable de familles constituées sans souci des saintes traditions, des croyances religieuses et des saintes affections.

Personne ne met en doute le prix et la nécessité des traditions quand il s'agit des arts et des sciences. Elles sont, dit-on avec raison, la condition essentielle du progrès, puisque, sans elles, tout serait à recommencer à chaque génération. Seraient-elles moins nécessaires pour la science et la direction de la vie?

C'est pourtant un art difficile que celui d'inspirer aux enfants le respect, le travail, l'obéissance les vraies et saintes affections. Tous n'y arrivent pas. La maison paternelle, qui est la plus salutaire, est aussi la plus difficile école. J'en prends à témoin tous les pères et les mères ici présents. Il faut que les méthodes y soient dès longtemps éprouvées et fermement pratiquées. Pour les trouver, les corriger, les fixer, et surtout pour savoir les appliquer, une génération ne suffit point.

En ce siècle, hélas ! on a trop pratiqué en matière d'éducation les improvisations téméraires. Que de pères, par exemple, ont commencé par le tutoiement permis ou même demandé aux enfants, ont continué par la camaraderie et sont finalement arrivés à attirer sur eux-mêmes l'irrévérence et le dédain !

Que d'imprudentes nouveautés sont payées tous les jours par les larmes des parents !

On les compte aujourd'hui et on les nomme, les mères qui voient trois fils marcher d'un pas égal et ferme dans les voies de l'honneur et du bien.

On ignore trop généralement parmi nous le prix et l'heureuse influence des traditions de famille pieusement recueillies. Elles créent un trésor moral de discipline, de vertus, d'aptitudes et même de talents, que les pères transmettent à leurs enfants pendant de longues générations.

Monsieur, si l'on rapproche entre elles les vies de vos ancêtres, les Cochin, l'une des plus anciennes de ces races de vieille bourgeoisie qui, suivant l'illustre ami de votre père et son historien (1), « avaient formé comme la charpente intérieure de notre société française », on remarque que, dans « cette bourgeoisie patiente et fière, laborieuse et indépendante », l'honneur du nom et même les mérites de l'esprit, comme les dons de la vertu sont héréditaires. Les plus lointains comme les plus rapprochés de vos ancêtres montrent dans les arts, dans l'industrie, au barreau, dans la magistrature les mêmes aptitudes de travail intelligent et per-

(1) M. le comte de Falloux : *Histoire d'Aug. Cochin*, l'un des beaux livres de ce temps.

sévérant, de dévouement aux intérêts publics, de bienfaisance et de charité.

Je n'ai pas à rappeler ce Cochin qui, sous saint Louis, en 1268, était échevin de Paris, dont on trouve, en 1560, un des descendants dans l'administration municipale de la même capitale, Messire Claude Denis Cochin, réunissant à la fois tant de titres recherchés à l'époque et bien difficiles à obtenir Il fut à la fois doyen des anciens juges-consuls, des anciens échevins, des quarante porteurs de la châsse de sainte Geneviève, doyen enfin des commissaires des pauvres et des marguilliers de la paroisse Saint Benoît.

Henri Cochin, qui fut, dans la première moitié du XVIIIe siècle, l'une des plus pures et des plus illustres renommées du barreau de Paris, se montre à nous, — et je ne suis pas le premier à le remarquer, — sous des traits de ressemblance frappante avec votre père.

« Cet Henri Cochin possédait supérieurement sa langue, disait, il y a un siècle, un de ses contemporains ; il concevait vivement, et son langage était aussi coloré que son imagination. Heureuse abondance d'expression, rapidité de l'esprit, il avait toutes les grâces du langage français. C'était, en outre, l'ami du progrès, sans être jamais complice d'aucune témérité »

Quant à votre aïeul, Jacques-Denys Cochin, député et maire du XIIe arrondissement de Paris, le père d'Augustin Cochin, il a, dans presque toutes ses charges, dans son activité, son initiative, sa charité, tellement ressemblé à son fils qu'en lisant sa vie on ne sait si on lit celle du père ou celle du fils : tant le genre des occupations préférées, le dévouement et l'élévation de l'esprit sont pareils. Tous deux maires de Paris, tous deux occupés des écoles primaires, des salles d'asile, des mendiants, des infirmes et des pauvres, on les trouve encore ensemble dans les plus hautes régions de l'industrie ; l'un et l'autre, enfin, ensevelis au milieu des regrets, des éloges et des larmes.

Ce que je viens de dire des ancêtres de votre père, Monsieur, j'aurais, si je voulais être complet, à le répéter pour les ancêtres de votre mère.

Les Brière d'Azy, les Benoist d'Azy ont non-seulement été les promoteurs du grand mouvement agricole qui a fait la richesse de la Nièvre ; non-seulement on les retrouve ennoblissant le travail et donnant les plus beaux exemples dans la haute industrie des chemins de fer et à Saint-Gobain ; mais, trois fois député dans nos Assemblées nationales, tour à tour président, rapporteur des budgets, M. Benoist d'Azy, votre aïeul, a multiplié sous toutes les formes les preuves de son patriotisme, de sa haute intelligence et de son dévouement au bien public. Il ne fut pas seulement un grand citoyen, il fut encore un grand chrétien. Modèle des pères de famille, il a transmis, après les avoir enrichies de ses exemples et de sa vie, les traditions de sa maison, traditions d'honneur, de travail et de dévouement ; il les a léguées à toute une génération de fils et de petits-fils, qui font revivre au milieu de nous ses vertus publiques et privées.

II

J'ai hâte d'arriver au caractère particulièrement religieux que revêtent toutes ces traditions.

Monsieur et Mademoiselle,

Les croyances religieuses et catholiques, héréditaires dans vos familles, ont été, dans une large part, le principe de leurs vertus sociales, vertus que la foi chrétienne est éminemment propre à développer et à fixer. Elle imprime à tout ce qui naît sous son souffle généreux une constance qui place le chrétien au-dessus de tous les mécomptes et de toutes les ingratitudes.

Les convictions religieuses maintiennent l'équilibre, l'harmonie de l'esprit, défendent des exagérations et des entraînements de l'opinion. Du sein des dogmes chrétiens se dégage une lumière qui illumine non seulement les horizons supérieurs à la terre, mais, suivant une remarque ancienne, toujours bonne à rappeler, éclaire encore les régions terrestres et même les questions auxquelles elle semble d'abord étrangère.

Que dirai-je de l'influence de la religion sur le bonheur des familles ? Quel plus puissant moyen d'y fonder et d'y retenir ce qui fait défaut presque partout aujourd'hui, l'autorité du père, le respect, l'affection envers la mère, l'obéissance des enfants, une confiance inaltérable entre les époux ? Appliquée aux incidents, aux problèmes sans cesse renaissants de la vie domestique, aux succès qui exaltent, aux malheurs qui abattent, la religion guide l'esprit, soutient ou relève. N'est-elle pas enfin la seule consolation qui reste à l'heure des suprêmes séparations ?

Elle enchante la mort même, et, comme une gerbe de lumière, les éternelles espérances jaillissent du fond du tombeau.

Tandis que nous voyons si près de nous ce que sont et ce que deviennent les familles dépourvues de traditions religieuses et de croyances, groupes éphémères, sans passé et sans avenir, abandonnés à tous les souffles de la fortune, comme le ballon dans les airs est livré au souffle mobile du vent, qu'il est bon d'arrêter le regard sur vos ancêtres, époux chrétiens, et d'y puiser les leçons qu'ont données vos deux familles ! Car, Mademoiselle, vous appartenez, de votre côté, à une vieille bourgeoisie fière aussi de ses traditions et de ses croyances. Ce que la famille Cochin fut à Paris, la vôtre l'a été en province. Pour se faire une juste idée de ce que furent vos aïeux, il faut se reporter à ces familles-types dont l'ami d'Augustin Cochin, M. Le Play, a montré toute l'importance sociale pour une nation qui veut rester forte et prospère; il faut recourir à ces livres de famille, heureusement retrouvés et publiés de nos jours. Que de travail, que d'intelligence, que de vertu, dans ces vies patriarcales ennemies de l'éclat et du bruit, et transmettant sans tache l'honneur du nom, sans défaillance dans la foi chrétienne, sans éclectisme trompeur, sans inconséquence pratique, sans mélange impur au sein des antiques traditions !

Il est des titres de famille qui ne se trouvent ni dans les archives publiques ni dans les bibliothèques, cachés qu'ils sont sous l'abri d'un vénérable foyer. C'est un fonds généralement établi de principes sains et de pratiques qu'il suffit d'imiter pour rentrer dans le droit chemin. En ces temps orageux, où tout est remis en question, on éprouve un charme indicible à se plonger dans les sources pures et rafraîchissantes des anciennes coutumes domestiques, locales et nationales ; et je ne sais rien de plus propre à réconforter les cœurs attristés, à réveiller la notion du vrai dans les esprits atteints aujourd'hui de ce que j'appellerai un phylloxéra moral, le scepticisme.

Quand je me rappelle, Mademoiselle, les grandes et vénérables figures de votre aïeul et de votre aïeule, je vois passer devant mon regard l'idée personnifiée du bien, du devoir et du dévouement.

La ville de Chartres garde pieusement la mémoire des vertus de M. Vassard, votre aïeul, qui, comme Augustin Cochin, fut toute sa vie le conseil, l'avocat, la lumière et le soutien du pauvre peuple, lui qui, après avoir multiplié les services, avait fait de presque chacun de ses concitoyens un obligé. Il était beau de le voir traversant les rues de la ville de Chartres, au milieu des témoignages du respect et de la reconnaissance publique renouvelés à chaque pas, accompagné de sa belle et nombreuse famille, se rendant, le dimanche, à la grande et antique cathédrale, pour assister à la messe la plus solennelle, afin d'y remercier le Dieu qui inspirait sa charité et l'avait comblé des bénédictions patriarcales ! Après avoir conduit sa femme et ses enfants à ces mêmes places que leurs ancêtres avaient occupées, il allait prendre la sienne à la tête des marguilliers de sa paroisse. Président des commissions hospitalières et du bureau d'assistance judiciaire, ainsi que des conférences de S. Vincent-de-Paul, membre du conseil municipal, on le trouvait partout où il y avait des services à rendre et des désintéressements à pratiquer. Sa sainte compagne, hélas ! absente de corps, mais présente de cœur à cette cérémonie. aujourd'hui plus qu'octogénaire, moins chargée encore d'années que de vertus, le secondait de toutes ses forces. Elle concourait puissamment à la fondation d'un pieux et vaste asile pour les jeunes filles pauvres, et elle préside encore dans son active vieillesse les associations des dames charitables, consacrant ses dernières années à vêtir les malheureux, à encourager de toute manière les œuvres charitables de la ville de Chartres.

Les funérailles de votre aïeul, à Chartres,

Mademoiselle, comme celles d'Augustin Cochin, à Paris, furent un deuil public : l'un et l'autre ont été ensevelis dans les regrets, les larmes et l'admiration de tous ceux qui les ont connus.

Votre mère aussi, Mademoiselle, peut être fière de sa propre famille. Pour ne parler ici que des défunts, je rappellerai seulement M. Jouet, votre grand-père, maire d'Épernay, et M. Charles Perrier, votre oncle, aussi maire d'Epernay, et député au Corps législatif; tous deux peuvent être appelés bienfaiteurs du département de la Marne! Plus de vingt mille personnes, par leur assistance à leur convoi et leur douleur unanime, furent pour eux la plus éloquente et la plus puissante des oraisons funèbres. Comme des échos posthumes, les établissements de toute sorte qu'ils ont fondés, adoptés et soutenus rediront longtemps ce qu'une belle fortune, un grand cœur et les inspirations de la religion peuvent pour le bien d'une contrée.

Je ne puis terminer ce que j'avais à dire sur les traditions religieuses de vos familles sans toucher encore un point qui leur est commun.

La famille Cochin et la famille Vassard ont donné des prêtres à l'église de Dieu : témoignage de la profondeur et de l'énergie pratique de leurs croyances. Ce que révèlent d'honneur et de vertu les foyers domestiques où naissent, sont nourries et se développent des vocations sacerdotales était justement apprécié par cet homme de bien, écrivant, au XVIIe siècle, l'histoire des siens : « Je ne rememore, disait-il, que huit générations, n'ayant voulu m'étendre plus haut : cela n'est pas nécessaire à une famille dont la noblesse n'est pas à faire, ayant donné des chanoines à la cathédrale de Cavaillon depuis plus de 400 ans. »

Je me serais reproché de n'avoir point rappelé la mémoire de René Benoist, à la fin du XVIe siècle, curé de Saint-Eustache, évêque nommé de Troyes, et surtout celle de l'abbé Jean-Denys Cochin, né en 1726, ancien curé de Saint-Jacques-du-Haut-Pas, grand orateur sans doute, administrateur de rare distinction, l'honneur, au XVIIIe siècle, de cet ancien et si regrettable clergé de Paris, l'une des lumières des conseils de son archevêque, mais dont l'immense charité prime les autres qualités, *major autem charitas*. Après s'être déversée en larges aumônes dans le sein du pauvre, sa charité fonda l'hôpital de Paris, qui portera toujours, nous l'espérons bien, son nom populaire. L'abbé Carron, notre contemporain, naguère curé de Saint-André-d'Antin, cet homme évangélique, ce prêtre de miséricordieuse mémoire, était à la fois l'ami de votre père et votre proche parent.

Mademoiselle, la famille de votre mère a vu un de ses membres, prêtre et religieux, seconder de son zèle et de sa fortune les missions d'Afrique; et la famille de votre père s'honore de voir l'importante cure de Saint-Pierre de Chartres occupée en ce moment par votre oncle, qui rappelle dans cette ville les largesses, le zèle et les succès charitables de l'abbé Cochin.

Pardonnez, Monsieur le Curé de Saint-Pierre de Chartres, à mon indiscrète amitié. Par un sentiment d'humilité que je regrette, vous avez pu m'obliger à bénir un mariage dont la célébration vous appartenait; mais je ne consentirai jamais à rien taire de ce qui intéresse éminemment l'édification commune.

III

MONSIEUR ET MADEMOISELLE,

Dans votre mariage, trois choses, disais-je en commençant ce discours, me frappent entre toutes : les traditions, les croyances et l'affection s'y unissent devant Dieu. Laissez-moi en finissant dire encore un mot sur ce dernier point.

Si nous trouvons à la racine du mal présent l'oubli des traditions, l'affaiblissement des croyances, il faut bien avouer que nous y voyons aussi une diminution sensible de l'affection. Hélas ! la baisse de l'affection au foyer domestique est un des signes des grandes décadences ; et saint Paul, en faisant l'énumération des vices et des anomalies monstrueuses qui caractérisaient la société païenne expirante, appliquait aux hommes de ce temps ce reproche énergique : *viros sine affectione.*

Ici encore, en vous aimant l'un l'autre d'une amitié fidèle, vous continuerez des traditions.

Augustin Cochin, qui valait tant par l'intelligence, valait peut-être encore plus par le cœur. Son illustre biographe nous a dit combien il aima son père. Tout lui rappelait sa mère, cette femme charmante dont les contemporains aimaient à vanter l'esprit et les vertus, emportée, dès 1823, par la maladie cruelle dont elle venait de sauver ses enfants.

« Une des plus grandes douleurs de mon adolescence et de ma jeunesse, a-t-il dit quelque part, a été de n'avoir pas près de moi une mère à aimer » ; et cette douleur a persévéré dans sa vivacité jusqu'au moment où le Seigneur lui donna une compagne, je n'oserais dire incomparable, en présence de ses émules de grâce et de vertus, mais en tout digne de lui.

Conservez bien, Monsieur, toutes ces lettres si précieuses, datées de Paris, au temps du siège en 1870, dont le livre de la vie de votre père ne contient malheureusement que quelques lignes. Ce sont des monuments de tendresse chrétienne, qui nous révèlent l'intérieur d'une famille dont la mutuelle affection a toujours fait l'honneur, le bonheur et la force. Et si une compagne admirable, trois fils charmants grandissant sous ses yeux et se préparant aux vertus viriles dont nous avons eu les prémices, faisaient pour lui de l'affection un devoir facile, ne dois-je pas ajouter que pour ce grand cœur qui dilatait incessamment les limites de sa famille, l'ouvrier, le pauvre et le malade étaient encore des enfants ? C'est aux infortunés que Augustin Cochin a consacré la plus large part de ses travaux. Tandis que l'écrivain traitait du paupérisme, de l'abolition de l'esclavage, l'économiste avait sans cesse devant les yeux le budget insuffisant de l'ouvrier et sa moralisation. Aux grandes expositions dont il était l'un des organisateurs appréciés, à la Compagnie d'Orléans et à Saint-Gobain, c'est la sollicitude de la classe ouvrière et le soin des malheureux qui étaient le premier objet de son activité. Il aimait d'un amour sans égal ces membres adoptifs de sa famille. Recherchant leur entretien et les connaissant tous, il les environnait de respect et d'estime. « La fibre généreuse et chrétienne, écrivait-il au prince de Broglie, est au fond de ces cœurs de nos ouvriers de Saint-Gobain.... Ah ! si nous pouvions modestement moraliser et rendre plus heureux ces gens dont la vie se dépense à nous faire des recettes, quelle part réservée ce serait dans les bénéfices que le monde ne compte pas ! »

Oui, Augustin Cochin aima sa famille et les pauvres ; mais ce qu'il aima d'un amour singulier, c'est la France, c'est l'église de Dieu. Ses angoisses patriotiques, quand il se fit soldat, pendant le triste et glorieux siège de Paris, sont un souvenir que vous vous rappellerez, Monsieur, dans la carrière militaire où nous saluons vos brillants débuts.

Hélas ! la France et l'Eglise, qu'il a si noblement servies avec ses illutres amis, il les a vues s'incliner dans des infortunes inouïes ! Il n'a sans doute désespéré ni de l'une ni de l'autre de ces deux sœurs qu'il voulait unir dans la liberté et dans l'honneur ; mais, comme ses illustres amis les Lacordaire, les Montalembert, les Dupanloup, et tant d'autres vaillants catholiques, il a bien pu montrer les voies à suivre, s'y porter avec l'ardeur du patriotisme chrétien, de son esprit et de son cœur ; mais, ainsi qu'à Buzenval, il a vu les défaites et non les victoires. Ce qui l'a tué dans toute la force de l'âge, hélas ! ce ne sont pas les infirmités, non ; ce sont les douleurs de la France et de l'Eglise qui ont brisé son cœur généreux. Pardonnez-moi, époux chrétiens, de laisser échapper ici un peu des regrets et des douleurs qui remplissent mon âme. Je reviens vite à des pensées plus douces.

Mademoiselle, en aimant votre mari comme il vous aimera, vous rappellerez votre mère et votre aïeule, ces âmes délicates, si tendres, si dévouées, l'ornement discret et la joie chrétienne du foyer. Vous, qui avez vu de si près le bonheur domestique fondé sur l'affection, vous n'oublierez jamais aucune des vertus qui le créent et le conservent.

Il ne suffit point à l'homme d'avoir, dans le monde, des succès mérités par une rare distinction ; et serait-on, comme votre père, un magistrat dont les hautes fonctions et les titres ne sont que le prix des services rendus, environné de l'estime singulière et du respect profond de tous ses collègues ; eût-on vingt fois, dans les audiences, ému et captivé les esprits les plus délicats et les plus difficiles, l'époux et le père ont besoin, en rentrant au foyer, de ces affections qui donnent la seule valeur désirable aux succès et aux prospérités de la vie. Et qui, plus que le soldat, au milieu des sacrifices continuels qu'impose la carrière, a besoin d'affection ?

En aimant votre mari, Mademoiselle, vous ne ferez que rendre une justice méritée à celui qui, avec la plus sainte et la plus vive des affections, vous apporte en même temps, les dons de l'esprit et du cœur, tout ce qui peut honorer une vie, la rendre à la fois utile et brillante.

Et vous, Monsieur, aimez votre épouse comme Jésus-Christ a aimé son Église. En vous donnant pour compagne cette douce et modeste jeune fille, Dieu vous a fait une grande largesse. — Vous n'ignorez pas le vide immense que vous allez faire dans la vie de son père et de sa mère. Apportez à leur foyer solitaire la seule consolation effective. Sans doute, vous ramènerez souvent, à la maison paternelle attristée, cette enfant qui jusqu'ici l'avait uniquement aimée; mais vous ferez plus et mieux en rendant heureuse celle qui va désormais être l'objet de si longs et si douloureux regrets. Cette fille unique, ce trésor que leur tendresse eût voulu garder près d'eux plus longtemps, ses parents le confient à votre honneur et votre religion. Et s'ils demandent à Dieu, au moment de la cruelle séparation, la force et la résignation, ils ne vous demandent, à vous, que le bonheur de leur enfant.

Et maintenant, pendant que votre vénérable et saint oncle va offrir à Dieu le Divin sacrifice, toute cette assistance d'élite priera pour le bonheur d'un mariage béni sous les auspices des traditions de vos familles, des saintes croyances et de l'affection fidèle.

Châlons, imp. T. Martin

www.ingramcontent.com/pod-product-compliance
Ingram Content Group UK Ltd.
Pitfield, Milton Keynes, MK11 3LW, UK
UKHW021210230726
13926UKWH00001B/422

9 782014 467468